Workflow 2.0

Effizienter arbeiten, smarter leben

Von derselben Autorin oder demselben Autor

Das kreative Chaos-wie ADHS dein größtes Talent sein kann

KEINE PANIK ! Der ultimative Survival Guide durch das Midlife Universum

KEINE PANIK !Der ultmative Hitzewelle Surf-ival Guide durch das Menopause Universum

KEINE PANIK ! Der ultimative Survival Guide durch das Chaos Universum der Pubertät

STUPID by the Feed-die gefährliche Macht der sozialen Medien

Die Kunst sich selbst zu leben-vom Mut den eigenen Weg zu gehen

Psychotricks-Manipulation in Beziehungen und im Alltag erkennen und sich davor schützen

Energievampire unsichtbare Feinde der Seele-wie Du deine Lebensenergie zurückeroberst

Mensch 2.0 wie du mit Technologie in Einklang kommst ,ohne dich selbst zu verlieren

Mara von Eichen

Workflow 2.0

Effizienter arbeiten, smarter leben

Mara von Eichen

© Auflagen Mara von Eichen

Verlag: BoD · Books on Demand GmbH, In de Tarpen 42,

22848 Norderstedt, bod@bod.de

Druck: Libri Plureos GmbH, Friedensallee 273, 22763 Hamburg

ISBN: 978-3-7693-9012-4

Mara von Eichen

Über die Autorin

Mara von Eichen lebt mit ihrer Familie in Südungarn und verbindet in ihren Werken Natur,Psychologie,Bewusstsein und kreative Ausdrucksformen. Als Autorin und Künstlerin betrachtet sie die Welt mit besonderer Sensibilität und Tiefgang. Ihre Sachbücher laden dazu ein, neue Perspektiven zu entdecken und die Verbindung zwischen Mensch und Technologie bewusster wahrzunehmen. In der Ruhe der unberührten Landschaft findet sie Inspiration für ihre Arbeiten, die Verstand und Seele gleichermaßen ansprechen.

Dieses Buch ist all jenen gewidmet, die den Mut haben, sich dem Wandel zu stellen, neue Wege zu gehen und die Zukunft der Arbeit aktiv mitzugestalten.

An alle Visionäre, die nicht nur von morgen träumen, sondern es schon heute gestalten.

Und an all jene, die nie aufhören zu lernen, sich weiterzuentwickeln und ihr Potenzial voll auszuschöpfen – denn die Zukunft gehört euch.

Inhaltsverzeichnis

Vorwort

Vorwort

Die Arbeitswelt von morgen ist bereits in vollem Gange. Es ist eine Welt, die geprägt ist von rasanten technologischen Entwicklungen, neuen Arbeitsmodellen und einer fortwährenden Veränderung der Art und Weise, wie wir Arbeit definieren und erleben. Der Arbeitsplatz, wie wir ihn kennen, steht vor einer Transformation – und mit dieser Veränderung kommen unzählige Chancen und Herausforderungen auf uns zu.

In den letzten Jahren haben wir einen regelrechten Boom von Tools und Technologien erlebt, die es uns ermöglichen, smarter und effizienter zu arbeiten. Die Grenze zwischen Beruf und Freizeit verschwimmt zunehmend, und Remote-Arbeit wird nicht nur als Option, sondern als Norm verstanden. Künstliche Intelligenz, Automatisierung und fortschrittliche digitale Tools übernehmen viele Aufgaben, die früher von Menschen erledigt wurden, und schaffen gleichzeitig Raum für kreative, strategische und zwischenmenschliche Arbeit.

Doch dieser Wandel verlangt von uns mehr als nur Anpassungsfähigkeit. Wir müssen die richtigen Fähigkeiten entwickeln, unser Mindset auf die neue Realität ausrichten und eine Arbeitsweise kultivieren, die uns nicht nur produktiv, sondern auch erfüllend durch den Wandel führt. In diesem Buch findest du nicht nur praktische Ratschläge, wie du deine Arbeitsweise an die Zukunft anpassen kannst, sondern auch tiefere Einsichten in die strategischen und persönlichen Aspekte dieser Veränderung.

Ich lade dich ein, dieses Buch als Leitfaden zu nutzen, um nicht nur passiv den Veränderungen in der Arbeitswelt zu folgen, sondern aktiv deine Zukunft zu gestalten. Du hast es in der Hand, wie du die Arbeitswelt von morgen heute schon für dich selbst organisierst. Dieses Buch bietet dir wertvolle Instrumente, Methoden und Ideen, die dir helfen werden, mit den Herausforderungen der Zukunft der Arbeit souverän umzugehen und deinen Weg erfolgreich zu gehen.

Bereite dich vor – es ist Zeit, die Arbeitswelt von morgen schon heute zu gestalten.

Einleitung

Einleitung: Die Zukunft der Arbeit – Ein Blick auf den Wandel

Die Zukunft der Arbeit ist ein Thema, das immer mehr an Bedeutung gewinnt. Während viele Menschen noch mit den Herausforderungen der gegenwärtigen Arbeitswelt kämpfen, müssen wir uns bereits jetzt fragen: Wie wird die Arbeit von morgen aussehen? Welche Fähigkeiten werden wir benötigen, um in einer Welt voller Automatisierung, künstlicher Intelligenz und globaler Vernetzung erfolgreich zu sein? Wie können wir uns auf die Veränderungen vorbereiten, die schon jetzt beginnen, unsere Arbeitsweise zu transformieren?

Die Welt, in der wir heute leben und arbeiten, befindet sich in einem beispiellosen Wandel. Technologische Innovationen sind nicht länger nur ein futuristisches Konzept, sondern prägen unseren Alltag und verändern die Art und Weise, wie Unternehmen arbeiten, wie Menschen miteinander kommunizieren und wie wir selbst unsere Arbeit wahrnehmen. Remote-Arbeit, flexibles Arbeiten und die ständige Erreichbarkeit sind nur einige der vielen Facetten dieses Wandels.

Doch die Veränderung der Arbeitswelt ist mehr als nur eine Frage von Tools und Technologien. Sie betrifft auch die Arbeitskultur, die Art und Weise, wie Unternehmen geführt werden und wie die Menschen ihre Aufgaben wahrnehmen. Die Arbeitswelt der Zukunft wird nicht mehr auf festen Strukturen und festen Arbeitsplätzen beruhen, sondern vielmehr auf Flexibilität, Agilität und kontinuierlicher Anpassungsfähigkeit. Diese Veränderungen stellen uns vor neue Herausforderungen, aber auch vor spannende Möglichkeiten.

Dieses Buch möchte dir helfen, die Arbeitswelt von morgen nicht nur zu verstehen, sondern aktiv zu gestalten. Es geht darum, nicht nur mit den Veränderungen Schritt zu halten, sondern diese zu antizipieren und in deinem eigenen Berufsleben umzusetzen. Du wirst lernen, wie du deine Arbeitsweise optimieren, neue Kompetenzen entwickeln und eine effektive Work-Life-Balance schaffen kannst, die dir nicht nur beruflichen Erfolg, sondern auch persönliche Erfüllung bringt.

Die Arbeitswelt von morgen wird von denen geprägt sein, die bereit sind, sich weiterzuentwickeln und die neuen Möglichkeiten zu nutzen. Du hast die Chance, diesen Wandel nicht nur als Beobachter zu erleben, sondern als aktiver Gestalter. Du wirst lernen, wie du deine Arbeit smarter organisierst, wie du deine Fähigkeiten auf das nächste Level bringst und wie du deine Karriere langfristig erfolgreich in einer dynamischen Welt positionierst.

Bereit, die Zukunft der Arbeit zu gestalten? Dann tauche ein in dieses Buch und beginne noch heute, deine Arbeitswelt von morgen zu organisieren.

Was ist Workflow 2.0 und warum brauchst du ihn?

1.

Einführung in Workflow 2.0:

Workflow 2.0 ist eine Weiterentwicklung des klassischen Workflows, der in vielen traditionellen Arbeitsumfeldern noch vorherrscht. Der Begriff "Workflow" beschreibt die Art und Weise, wie Aufgaben und Prozesse innerhalb eines Unternehmens oder einer Organisation erledigt werden. Ein effektiver Workflow sorgt dafür, dass die Arbeit reibungslos, effizient und fehlerfrei von einer Aufgabe zur nächsten übergeht.

Was ist nun der Unterschied zwischen dem klassischen Workflow und Workflow 2.0? Workflow 2.0 ist die Antwort auf die Bedürfnisse einer zunehmend digitalen, agilen und globalisierten Arbeitswelt. Dieser moderne Workflow basiert nicht nur auf der Effizienz von Prozessen, sondern berücksichtigt auch die Flexibilität, die Vernetzung und die Technologie, die heute unerlässlich sind, um in einer dynamischen Arbeitsumgebung erfolgreich zu sein.

Warum du ihn brauchst:

In einer Welt, in der Technologie und Automatisierung mehr und mehr Aufgaben übernehmen, wird es für den Einzelnen umso wichtiger, seine Arbeit effizient und auf die Anforderungen der Zukunft ausgerichtet zu gestalten. Es reicht nicht mehr, einfach mit den gewohnten Methoden weiterzuarbeiten, denn der Konkurrenzdruck wächst, und auch die eigenen Erwartungen steigen. Wir müssen smarter arbeiten, uns kontinuierlich weiterentwickeln und unsere Arbeitsmethoden ständig anpassen, um mit den raschen Veränderungen Schritt zu halten.

Die Evolution des Arbeitsumfeldes:

Bevor wir jedoch auf die Details von Workflow 2.0 eingehen, ist es wichtig, sich die Veränderungen in der Arbeitswelt der letzten Jahre anzusehen. Hier sind einige der wichtigsten Trends:

- **Technologische Innovationen:** Neue Software, Automatisierungstools und KI-basierte Plattformen verändern, wie wir kommunizieren, Projekte verwalten und Daten verarbeiten. Diese Technologien bieten enorme Chancen zur Effizienzsteigerung, erfordern jedoch auch neue Arbeitsweisen.
- **Remote-Arbeit und hybride Arbeitsmodelle:** Die Pandemie hat den Trend zu

Homeoffice und flexiblem Arbeiten beschleunigt. Hybride Arbeitsmodelle – eine Mischung aus Büroarbeit und Fernarbeit – sind jetzt eine feste Größe in der Arbeitswelt.

- **Kollaborative Tools:** Die Bedeutung von Tools wie Slack, Microsoft Teams, Trello und Asana ist gestiegen. Diese ermöglichen die nahtlose Zusammenarbeit über Distanzen hinweg und fördern eine agilere Arbeitsweise.

- **Automatisierung:** Routineaufgaben und administrative Prozesse werden zunehmend von Maschinen übernommen. Das bedeutet nicht nur, dass der Arbeitsplatz effizienter wird, sondern auch, dass der Mensch sich auf kreativere, strategischere Aufgaben konzentrieren kann.

Die Merkmale von Workflow 2.0:

- **Flexibilität und Anpassungsfähigkeit:** In einer sich schnell verändernden Welt müssen wir in der Lage sein, uns an neue Gegebenheiten anzupassen. Das bedeutet, dass wir nicht an starren Prozessen festhalten, sondern ständig den Workflow hinterfragen und optimieren müssen.

- **Integration von Technologie:** Ein wichtiger Aspekt von Workflow 2.0 ist die intelligente

Integration von Technologie, um Prozesse zu beschleunigen, Fehler zu reduzieren und die Kommunikation zu verbessern. Künstliche Intelligenz und Automatisierung sind die treibenden Kräfte hinter diesem Prozess.

- **Kollaboration:** Die Arbeit wird zunehmend kollaborativ und interdisziplinär. Verschiedene Abteilungen und Teams arbeiten über Abteilungs- und Landesgrenzen hinweg zusammen. Hier ist eine nahtlose Kommunikation und ein funktionierendes Projektmanagement entscheidend.

- **Datengestützte Entscheidungsfindung:** Ein weiterer wichtiger Bestandteil von Workflow 2.0 ist der verstärkte Einsatz von Datenanalyse und Business Intelligence. Anstatt auf Bauchgefühl zu setzen, basieren Entscheidungen immer mehr auf fundierten Daten und Fakten.

Wie Workflow 2.0 die Arbeitswelt verändert:

Workflow 2.0 ist nicht nur eine technische Neuerung – es ist eine grundsätzliche Veränderung der Art und Weise, wie wir arbeiten. Diese Veränderung hat tiefgreifende Auswirkungen auf alle Ebenen der Arbeitswelt:

1. **Effizienzsteigerung:** Durch den Einsatz von Tools und Technologien lassen sich viele Prozesse automatisieren, die früher Zeit und Ressourcen verschwendet haben. Mitarbeiter können sich auf wertschöpfende Tätigkeiten konzentrieren.

2. **Mehr Flexibilität:** Durch moderne Arbeitsmethoden wie Remote-Arbeit und flexibles Zeitmanagement können Mitarbeiter ihre Arbeitsweise an ihre persönlichen Bedürfnisse anpassen. Das führt zu einer besseren Work-Life-Balance und einer höheren Zufriedenheit.

3. **Erhöhte Zusammenarbeit:** Virtuelle Tools ermöglichen eine effiziente Zusammenarbeit über Distanzen hinweg, was besonders in internationalen und hybriden Teams von Vorteil ist.

4. **Neue Möglichkeiten der Weiterbildung:** Mit der Entwicklung von Online-Schulungen und E-Learning-Tools können Mitarbeiter ihre Fähigkeiten kontinuierlich erweitern und sich auf neue Herausforderungen vorbereiten.

Fallbeispiel: Ein Unternehmen, das Workflow 2.0 erfolgreich integriert hat

Ein Beispiel für die erfolgreiche Integration von Workflow 2.0 ist **Zapier**, eine Online-Automatisierungsplattform. Das Unternehmen hat es geschafft, durch die Kombination von Automatisierung und Kollaboration einen Workflow zu schaffen, der extrem effizient ist und gleichzeitig den Mitarbeitern viel Flexibilität bietet.

Zapier hat die Arbeit der Teams durch den Einsatz von Tools wie Slack, Google Drive und eigenen Automatisierungslösungen optimiert. Aufgaben, die früher manuell und zeitaufwendig waren, werden jetzt automatisch erledigt, was den Teams Zeit für kreatives und strategisches Arbeiten gibt.

Praktische Umsetzung von Workflow 2.0:

Um Workflow 2.0 in deinem eigenen Arbeitsumfeld umzusetzen, gibt es mehrere Schritte, die du gehen kannst:

1. **Identifiziere manuelle und repetitive Aufgaben:** Welche Aufgaben in deinem Arbeitsalltag lassen sich automatisieren oder optimieren? Nutze Tools, um wiederkehrende Prozesse zu automatisieren.

2. **Nutze kollaborative Tools:** Implementiere Plattformen wie Slack, Teams oder Trello, um die Zusammenarbeit zu vereinfachen und den Überblick zu behalten.

3. **Verändere deine Denkweise:** Workflow 2.0 erfordert eine offene und flexible Haltung. Sei bereit, deine Arbeitsweise immer wieder zu hinterfragen und neue Technologien auszuprobieren.

4. **Setze klare Ziele und Prioritäten:** Ein klar definierter Workflow hilft dir, deine Aufgaben effizient zu organisieren und deinen Arbeitsalltag besser zu strukturieren.

Fazit zu Kapitel 1:

Workflow 2.0 ist mehr als nur ein Buzzword – es ist ein Paradigmenwechsel in der Arbeitswelt. Wer erfolgreich in der Zukunft arbeiten möchte, muss bereit sein, bestehende Arbeitsmethoden zu hinterfragen und neue, technologiegestützte Arbeitsweisen zu integrieren. In den nächsten Kapiteln werden wir detaillierter darauf eingehen, wie du diese Prinzipien umsetzen und dich auf die Arbeitswelt der Zukunft vorbereiten kannst.

Der Einfluss von Automatisierung und KI auf den modernen Workflow

2.

Die Rolle der Automatisierung und Künstlichen Intelligenz:

Automatisierung und Künstliche Intelligenz (KI) sind zwei der wichtigsten treibenden Kräfte hinter der Veränderung von Arbeitsprozessen in der heutigen Welt. Diese Technologien ermöglichen es, Aufgaben und Arbeitsabläufe zu optimieren, die traditionell viel Zeit, Ressourcen und menschliche Arbeitskraft erforderten. Der Wandel, der durch Automatisierung und KI hervorgerufen wird, verändert die Arbeitsweise von Unternehmen und Individuen gleichermaßen.

Automatisierung ist der Prozess, bei dem repetitive Aufgaben von Maschinen oder Softwarelösungen übernommen werden. Dies kann von einfachen Aufgaben wie der Verwaltung von E-Mails bis hin zu komplexeren Prozessen wie der Analyse großer Datenmengen reichen. Der Vorteil der Automatisierung liegt auf der Hand: Sie erhöht die Effizienz, reduziert Fehler und verschafft den Mitarbeitern mehr Zeit für kreative und wertschöpfende Tätigkeiten.

Künstliche Intelligenz geht noch einen Schritt weiter. Sie ermöglicht Maschinen und Softwarelösungen, Aufgaben auszuführen, die normalerweise menschliches Denken und Entscheidungen erfordern. KI-Algorithmen können Muster erkennen, Vorhersagen treffen und sogar lernen, wie sie Aufgaben besser ausführen können, ohne dass ein Mensch ständig eingreifen muss. Im Kontext des modernen Workflows verändert KI die Art und Weise, wie wir arbeiten, indem sie viele Prozesse schneller und genauer erledigt als der Mensch es alleine könnte.

Beispiele für Automatisierung und KI im Arbeitsumfeld:

Ein praktisches Beispiel für den Einsatz von Automatisierung und KI im Arbeitsumfeld ist das **Customer-Relationship-Management (CRM)**. Viele Unternehmen nutzen heutzutage automatisierte Systeme, die es ermöglichen, Kundenanfragen automatisch zu sortieren und zu priorisieren. Ein CRM-System kann automatisch E-Mails versenden, Erinnerungen für Follow-ups erstellen und sogar Vorschläge für das nächste Verkaufsangebot machen – alles ohne direkte menschliche Interaktion.

Ein weiteres Beispiel ist die **automatisierte Datenanalyse**, die es Unternehmen ermöglicht, riesige Mengen an Daten in Echtzeit zu verarbeiten und daraus wertvolle Insights zu gewinnen. Dies wäre für einen Menschen nahezu unmöglich in der gleichen Geschwindigkeit und Genauigkeit zu bewerkstelligen. KI-Algorithmen können Muster erkennen, die für den Menschen unsichtbar wären, und auf dieser Grundlage Entscheidungen treffen oder Empfehlungen aussprechen.

Ein sehr konkretes Beispiel für den Einsatz von KI ist **ChatGPT**, das die Kundenkommunikation in vielen Unternehmen übernimmt. Dieser KI-basierte Assistent kann problemlos einfache Anfragen beantworten, ohne dass ein Mitarbeiter eingreifen muss. Für komplexere Anfragen kann der Chatbot den Kunden an einen menschlichen Experten weiterleiten. Dadurch werden nicht nur Ressourcen eingespart, sondern es wird auch eine konsistente und schnelle Antwort auf Kundenfragen gewährleistet.

Vorteile der Automatisierung und KI für den Workflow:

Die Einführung von Automatisierung und KI in den Workflow bietet zahlreiche Vorteile. Der größte Vorteil ist die **Effizienzsteigerung**. Aufgaben, die früher Stunden in Anspruch nahmen, können jetzt innerhalb von Minuten oder sogar Sekunden erledigt werden. Dies führt zu einer schnelleren Erledigung der Arbeit und ermöglicht es den Unternehmen, in kürzerer Zeit mehr zu erreichen.

Ein weiterer Vorteil ist die **Fehlerreduktion**. Während Menschen anfällig für Fehler sind, vor allem bei repetitiven Aufgaben, arbeiten Maschinen und KI-Systeme konstant mit hoher Genauigkeit. Dies reduziert die Fehlerquote und sorgt dafür, dass die Arbeit zuverlässiger und fehlerfreier ausgeführt wird.

Darüber hinaus ermöglicht Automatisierung den Mitarbeitern, sich auf wichtigere und kreativere Aufgaben zu konzentrieren. Anstatt stundenlang Daten zu sammeln oder E-Mails zu beantworten, können sich die Mitarbeiter auf die strategische Planung, die Entwicklung neuer Ideen oder die Verbesserung von Geschäftsprozessen konzentrieren. Dies führt zu einer **höheren Mitarbeiterzufriedenheit**, da die Arbeit weniger monoton ist und mehr Raum für persönliche Weiterentwicklung und kreative Beiträge lässt.

Die Herausforderung der Integration von Automatisierung und KI:

Obwohl die Vorteile der Automatisierung und KI offensichtlich sind, gibt es auch Herausforderungen bei der Implementierung dieser Technologien. Eine der größten Herausforderungen ist die **Akzeptanz durch die Mitarbeiter.** Viele Menschen befürchten, dass ihre Arbeitsplätze durch Maschinen ersetzt werden könnten, was zu Ängsten und Widerstand führt. Es ist wichtig, dass Unternehmen transparent mit ihren Mitarbeitern kommunizieren und klarstellen, dass Automatisierung und KI nicht dazu dienen, Menschen zu ersetzen, sondern ihre Arbeit zu erleichtern und zu ergänzen.

Ein weiterer kritischer Punkt ist die **Schulung und Weiterbildung** der Mitarbeiter. Automatisierung und KI erfordern neue Fähigkeiten und Kenntnisse. Um den maximalen Nutzen aus diesen Technologien zu ziehen, müssen Mitarbeiter in der Lage sein, mit den neuen Tools und Systemen zu arbeiten. Unternehmen müssen in die Weiterbildung ihrer Mitarbeiter investieren, um sicherzustellen, dass diese mit den technologischen Entwicklungen Schritt halten können.

Veränderungen im Arbeitsmarkt durch Automatisierung und KI:

Die Einführung von Automatisierung und KI wird auch den Arbeitsmarkt verändern. Einige Jobs werden überflüssig werden, während andere entstehen werden. Insbesondere repetitive Tätigkeiten, die leicht automatisiert werden können, wie etwa die Dateneingabe oder die Bearbeitung von Standardanfragen, sind gefährdet. Diese Arbeiten könnten von Maschinen übernommen werden, wodurch der Bedarf an menschlicher Arbeitskraft in diesen Bereichen sinkt.

Auf der anderen Seite werden neue Jobs entstehen, die spezifisches Wissen im Bereich der Technologie und KI erfordern. **Datenwissenschaftler**, **KI-Ingenieure** und **Automatisierungsexperten** werden zunehmend nachgefragt. Es wird eine neue Art von Arbeitskräften benötigt, die in der Lage sind, mit den fortschrittlichen Technologien zu arbeiten und sie zu steuern.

Der Wandel wird auch neue Arbeitsfelder hervorbringen, die es heute noch nicht gibt. **Ethikberater für KI**, **Spezialisten für die Integration von Automatisierung** oder **Berater für digitale Transformation** sind nur einige der neuen Rollen, die in der Arbeitswelt von morgen eine zentrale Rolle spielen werden. Wer sich heute auf diese Bereiche vorbereitet, wird in der Zukunft von der Transformation profitieren können.

Praktische Umsetzung der Automatisierung im Workflow:

Um Automatisierung und KI erfolgreich in den eigenen Workflow zu integrieren, gibt es mehrere Schritte, die du unternehmen kannst:

1. **Identifiziere Prozesse, die automatisiert werden können:** Überlege, welche Aufgaben in deinem Arbeitsalltag repetitiv und zeitaufwendig sind. Diese sind die idealen Kandidaten für die Automatisierung.

2. **Wähle die richtigen Tools:** Es gibt heute eine Vielzahl von Tools und Softwarelösungen, die Automatisierung und KI-basierte Funktionen anbieten. Wähle diejenigen aus, die am besten zu deinen Anforderungen und deinem Arbeitsstil passen.

3. **Schule dich weiter:** Um den vollen Nutzen aus Automatisierung und KI zu ziehen, musst du bereit sein, neue Fähigkeiten zu erlernen. Achte darauf, dich in Bereichen wie Datenanalyse, KI und Automatisierung weiterzubilden.

4. **Überwache den Prozess:** Auch wenn Automatisierung und KI große Effizienzgewinne versprechen, ist es wichtig, den Prozess kontinuierlich zu überwachen. Achte darauf, dass die Systeme ordnungsgemäß funktionieren und die gewünschten Ergebnisse liefern.

Fazit zu Kapitel 2:

Automatisierung und KI sind die Eckpfeiler des modernen Workflows. Sie ermöglichen eine drastische Effizienzsteigerung, reduzieren Fehler und schaffen Raum für kreativere und wertvollere Arbeit. Um in der Zukunft erfolgreich zu sein, ist es entscheidend, diese Technologien zu verstehen und aktiv in den eigenen Workflow zu integrieren. Die Herausforderung besteht darin, die Ängste und Bedenken der Mitarbeiter zu überwinden und sicherzustellen, dass sie die erforderlichen Fähigkeiten erlernen, um mit den neuen Systemen effektiv zu arbeiten. Wer diese Hürden erfolgreich meistert, wird in der Arbeitswelt der Zukunft nicht nur bestehen, sondern auch profitieren können.

Die Rolle von Leadership in einer digitalen Welt

3.

Einführung in Leadership in der digitalen Ära:

In der heutigen digitalen Welt hat sich die Art und Weise, wie Führung funktioniert, erheblich verändert. Führungskräfte sind nicht mehr nur diejenigen, die ein Team organisieren und Aufgaben verteilen, sondern sie müssen auch die digitale Transformation ihres Unternehmens oder ihrer Organisation vorantreiben. Die Rolle des Leaderships wird zunehmend komplexer, da technologische Innovationen und digitale Werkzeuge zunehmend Einfluss auf die Art und Weise haben, wie Teams zusammenarbeiten, kommunizieren und letztlich ihre Ziele erreichen.

Die Fähigkeit, den Wandel zu managen und innovative Technologien effektiv zu integrieren, ist heute mehr denn je entscheidend für den Erfolg eines Unternehmens. Führungskräfte sind gefragt, den Kurs für ihre Teams vorzugeben und sicherzustellen, dass ihre Mitarbeiter die richtigen Werkzeuge und Kenntnisse haben, um in einer digitalen Welt erfolgreich zu sein.

Das bedeutet nicht nur, den technologischen Wandel zu verstehen, sondern auch, wie man eine Unternehmenskultur schafft, die diesen Wandel fördert und unterstützt.

Die Anforderungen an moderne Führungskräfte:

Moderne Führungskräfte stehen vor einer Vielzahl von Herausforderungen, die weit über das traditionelle Management hinausgehen. Sie müssen nicht nur die Produktivität und Leistung ihrer Teams überwachen, sondern auch sicherstellen, dass ihre Organisation technologisch auf dem neuesten Stand bleibt. Dabei sind mehrere Schlüsselfähigkeiten erforderlich:

1. **Technologische Kompetenz:** Um als Führungskraft in einer digitalen Welt erfolgreich zu sein, muss man ein grundlegendes Verständnis für die Technologien haben, die das Unternehmen betreffen. Das bedeutet nicht, dass man ein Technologieexperte sein muss, aber es ist wichtig, die Bedeutung von Automatisierung, KI und anderen digitalen Werkzeugen zu erkennen und zu verstehen, wie diese Technologien die Arbeitsweise beeinflussen können.

2. **Agilität und Anpassungsfähigkeit:** Die digitale Welt ist ständig in Bewegung. Neue

Technologien entstehen kontinuierlich, und der Markt verändert sich schnell. Führungskräfte müssen in der Lage sein, sich schnell an neue Gegebenheiten anzupassen und sicherzustellen, dass ihre Organisation in der Lage ist, den Wandel mitzutragen. Das erfordert ein hohes Maß an **Agilität** und die Fähigkeit, Veränderungen nicht nur zu akzeptieren, sondern sie aktiv zu gestalten.

3. **Kommunikation und Transparenz:** In einer digitalen Welt sind Kommunikation und Transparenz entscheidend. Führungskräfte müssen sicherstellen, dass ihre Teams jederzeit über die Ziele, Strategien und Veränderungen im Unternehmen informiert sind. Digitale Kommunikationskanäle wie Slack, Teams oder Zoom bieten zahlreiche Möglichkeiten für den Informationsaustausch, aber es erfordert auch ein gewisses Maß an Organisation und Disziplin, um die Kommunikation klar und effektiv zu gestalten.

4. **Empathie und emotionale Intelligenz:** Trotz aller technologischen Fortschritte bleibt der Mensch das zentrale Element jeder Organisation. Führungskräfte müssen in der Lage sein, sich in ihre Mitarbeiter hineinzuversetzen und ihre Bedürfnisse zu verstehen.

Besonders in Zeiten des digitalen Wandels, wenn Mitarbeiter mit neuen Technologien und Arbeitsweisen konfrontiert sind, ist es wichtig, ihnen Unterstützung zu bieten und Ängste abzubauen. Ein hoher Grad an **emotionaler Intelligenz** ist in der Führung von heute unerlässlich.

Die digitale Transformation und ihre Auswirkungen auf Führung:

Die digitale Transformation hat die Art und Weise, wie Unternehmen arbeiten und wie Führungskräfte ihre Rolle wahrnehmen, grundlegend verändert. Die Einführung neuer Technologien hat dazu geführt, dass Unternehmen ihre Prozesse und Arbeitsabläufe überdenken müssen, um wettbewerbsfähig zu bleiben. Das bedeutet, dass Führungskräfte nicht nur dafür verantwortlich sind, den aktuellen Status quo aufrechtzuerhalten, sondern aktiv Veränderungen zu fördern und ihre Teams auf die digitale Zukunft vorzubereiten.

Ein wesentliches Element der digitalen Transformation ist die **Integration neuer Tools und Plattformen**, die den Arbeitsalltag effizienter und flexibler gestalten können. Dies kann von **Cloud-Software** über **Collaboration-Tools** bis hin zu **KI-basierten Anwendungen** reichen, die die Art und Weise, wie Daten verarbeitet und Entscheidungen getroffen werden, revolutionieren. Führungskräfte müssen sicherstellen, dass diese Tools effektiv in den Workflow integriert werden und dass ihre Teams die notwendige Schulung und Unterstützung erhalten, um sie optimal zu nutzen.

Zusätzlich zu den technologischen Veränderungen hat die digitale Transformation auch Auswirkungen auf die Arbeitskultur. **Remote-Arbeit** und **flexible Arbeitsmodelle** sind zu festen Bestandteilen der modernen Arbeitswelt geworden. Führungskräfte müssen Wege finden, ihre Teams zu motivieren, zu unterstützen und zusammenzuhalten, selbst wenn diese räumlich getrennt sind. Die Herausforderung besteht darin, eine Kultur der **Zusammenarbeit** zu schaffen, bei der sich jeder Mitarbeiter auch aus der Ferne eingebunden fühlt und motiviert bleibt, seine besten Leistungen zu erbringen.

Führung und die Anpassung an eine veränderte Arbeitswelt:

Eine der größten Herausforderungen für Führungskräfte in der digitalen Ära ist die Notwendigkeit, die Unternehmenskultur an die neuen Anforderungen der Arbeitswelt anzupassen. **Agile Arbeitsmethoden, Innovation** und die **Förderung von Kreativität** sind heute wichtiger denn je. Führungskräfte müssen ein Umfeld schaffen, das es ihren Teams ermöglicht, sich schnell an Veränderungen anzupassen und gleichzeitig weiterhin ihre kreativen Fähigkeiten zu entfalten.

Die Einführung von **agilen Arbeitsmethoden** wie Scrum oder Kanban hat die Art und Weise verändert, wie Teams ihre Projekte managen. Diese Methoden fördern eine schnelle Reaktion auf Veränderungen und stellen sicher, dass Projekte in kurzen, überschaubaren Iterationen voranschreiten. Führungskräfte müssen sicherstellen, dass ihre Teams mit diesen Methoden vertraut sind und dass die organisatorischen Strukturen flexibel genug sind, um eine schnelle Anpassung an neue Gegebenheiten zu ermöglichen.

Darüber hinaus müssen Führungskräfte den **Innovationstrieb** ihrer Teams unterstützen. In einer digitalen Welt, in der Innovation der Schlüssel zum Überleben ist, müssen Führungskräfte sicherstellen, dass ihre Teams ständig auf der Suche nach neuen Ideen und Lösungen sind. Das bedeutet, dass Führungskräfte ein Umfeld schaffen müssen, in dem Kreativität gefördert wird und Fehler als Lernmöglichkeiten angesehen werden.

Die Herausforderungen von Leadership in der digitalen Transformation:

Trotz der vielen Chancen, die die digitale Transformation bietet, gibt es auch erhebliche Herausforderungen, mit denen Führungskräfte konfrontiert sind. Eine der größten Herausforderungen ist die **Angst vor Veränderung**. Viele Mitarbeiter sind in ihren gewohnten Arbeitsweisen und Prozessen verhaftet und fürchten sich vor den Unbekannten, die mit neuen Technologien und Arbeitsweisen einhergehen. Führungskräfte müssen diese Ängste erkennen und ihren Mitarbeitern helfen, den Wandel als etwas Positives zu begreifen.

Darüber hinaus stehen Führungskräfte vor der Herausforderung, **Talente zu gewinnen und zu binden**. In einer Welt, in der technologische Fähigkeiten zunehmend gefragt sind, wird der Wettbewerb um qualifizierte Mitarbeiter intensiver. Führungskräfte müssen sicherstellen, dass ihre Organisationen nicht nur technologisch auf dem neuesten Stand sind, sondern auch als attraktive Arbeitgeber wahrgenommen werden.

Fazit zu Kapitel 3:

In einer digitalen Welt ist Leadership mehr als nur das Management von Teams. Führungskräfte müssen

nicht nur den Wandel annehmen, sondern aktiv vorantreiben, indem sie ihre Teams durch den digitalen
Wandel führen, Innovationen fördern und die richtigen
Werkzeuge zur Verfügung stellen. Sie müssen empa-
thisch auf die Bedürfnisse ihrer Mitarbeiter eingehen
und eine Kultur der Zusammenarbeit und Agilität
schaffen. Wer als Führungskraft in der digitalen Ära
erfolgreich sein will, muss nicht nur technologische
Kompetenz besitzen, sondern auch die Fähigkeit, in
einem sich ständig verändernden Umfeld zu agieren
und den Wandel als Chance zu sehen.

Innovation und technologische Veränderungen – Chancen und Herausforderungen

4.

In der heutigen globalisierten und digitalisierten Welt sind **Innovation** und **technologische Veränderungen** nicht nur eine strategische Notwendigkeit, sondern entscheidende Faktoren für den Erfolg von Unternehmen. Die rasante Entwicklung von Technologien beeinflusst alle Branchen und verändert die Art und Weise, wie Unternehmen ihre Produkte und Dienstleistungen entwickeln, produzieren und liefern. Doch während Innovation und technologische Fortschritte enorme Chancen bieten, stellen sie Unternehmen auch vor große Herausforderungen, insbesondere in Bezug auf die Integration neuer Technologien, die Anpassung der Unternehmenskultur und das Management von Veränderungen.

Dieses Kapitel beleuchtet sowohl die Chancen, die technologische Veränderungen bieten, als auch die Herausforderungen, die mit der Implementierung und dem Management von Innovationen verbunden sind. Dabei werden nicht nur die technologischen Aspekte betrachtet, sondern auch die sozialen und kulturellen Dimensionen, die bei der Einführung neuer Technologien berücksichtigt werden müssen.

Die Chancen von Innovation und Technologie:

Die größten Chancen, die durch technologische Veränderungen entstehen, liegen in der **Effizienzsteigerung**, der **Kostensenkung** und der **Verbesserung der Kundenerfahrung**. Unternehmen, die in der Lage sind, technologische Innovationen in ihren Geschäftsmodellen zu integrieren, können ihre Betriebsabläufe optimieren, ihre Produkte und Dienstleistungen verbessern und letztlich ihre Wettbewerbsfähigkeit erhöhen.

1. **Effizienzsteigerung durch Automatisierung und KI:** Ein Bereich, in dem technologische Innovationen enorme Chancen bieten, ist die **Automatisierung**. Durch den Einsatz von **Robotertechnik**, **künstlicher Intelligenz (KI)** und **maschinellem Lernen** können Unternehmen Prozesse automatisieren, die traditionell viel manuelle Arbeit erforderten. Dies führt nicht nur zu einer erheblichen **Steigerung der Effizienz**, sondern auch zu einer Reduktion der Fehlerquote und einer schnelleren Bearbeitung von Aufgaben. Be-

sonders in Bereichen wie der **Produktion, Logistik** und **Kundendienst** hat die Automatisierung das Potenzial, die Betriebsabläufe erheblich zu verbessern.

2. **Kostensenkung und Skalierbarkeit:** Neue Technologien ermöglichen es Unternehmen, ihre Kosten zu senken und gleichzeitig die Skalierbarkeit ihrer Operationen zu erhöhen. **Cloud-Computing** und **Software-as-a-Service (SaaS)**-Lösungen bieten eine kostengünstige Möglichkeit, IT-Ressourcen zu verwalten, ohne in teure Infrastruktur investieren zu müssen. Diese Technologien ermöglichen es Unternehmen, ihre Ressourcen flexibler zu nutzen und schnell auf Veränderungen in der Nachfrage oder den Geschäftsanforderungen zu reagieren.

3. **Verbesserung der Kundenerfahrung:** Technologie hat die Art und Weise verändert, wie Unternehmen mit ihren Kunden interagieren. **Personalisierte Dienstleistungen, E-Commerce-Plattformen** und **digitale Schnittstellen** ermöglichen es Unternehmen, ihren Kunden maßgeschneiderte Erlebnisse zu bieten, die deren Erwartungen übertreffen. Mithilfe von Datenanalysen und **Kundenerfahrungs-Management-**

Software können Unternehmen tiefe Einblicke in die Bedürfnisse ihrer Kunden gewinnen und ihnen genau das bieten, was sie suchen. Dies führt zu einer höheren Kundenzufriedenheit und stärkt die Kundenbindung.

Die Herausforderungen der Implementierung neuer Technologien:

Trotz der enormen Chancen, die Innovationen und technologische Veränderungen bieten, gibt es auch erhebliche Herausforderungen bei der Implementierung dieser Technologien in bestehende Systeme und Strukturen. Die größte Herausforderung besteht darin, **den Widerstand gegen Veränderungen** zu überwinden und sicherzustellen, dass Mitarbeiter, Führungskräfte und andere Stakeholder bereit sind, sich auf neue Arbeitsweisen einzulassen.

1. **Widerstand gegen Veränderungen:** Der Widerstand gegen Veränderungen ist eine der größten Hürden bei der Implementierung neuer Technologien. Mitarbeiter, die jahrelang mit etablierten Prozessen und Systemen gearbeitet haben, sind oft skeptisch gegenüber neuen Technologien, da diese Unsicherheiten und Ängste hervorrufen können. Führungskräfte müssen sicherstellen, dass der Wandel nicht nur technisch umgesetzt

wird, sondern auch **kulturell** akzeptiert wird. Das bedeutet, dass die Kommunikation des Wandels, die Schulung der Mitarbeiter und das **Change Management** eine zentrale Rolle spielen müssen.

2. **Integration neuer Technologien in bestehende Systeme:** Eine weitere Herausforderung besteht darin, neue Technologien in bestehende **IT-Infrastrukturen** und **Geschäftsprozesse** zu integrieren. Dies kann nicht nur technisch herausfordernd sein, sondern auch mit erheblichen **Kosten und Zeitaufwand** verbunden sein. Unternehmen müssen sicherstellen, dass die neuen Technologien nahtlos mit den bestehenden Systemen und Prozessen zusammenarbeiten, um Unterbrechungen im Betriebsablauf zu vermeiden. In vielen Fällen müssen Unternehmen ihre internen Systeme grundlegend überarbeiten oder anpassen, um die gewünschten Ergebnisse zu erzielen.

3. **Mangel an Fachkräften und Kompetenzen:** Der technologische Wandel erfordert neue Fähigkeiten und Kenntnisse. Der **Fachkräftemangel** im Bereich Technologie ist ein weiteres bedeutendes Problem. Unternehmen müssen in die **Ausbildung** und **Wei-**

terbildung ihrer Mitarbeiter investieren, um sicherzustellen, dass diese über die notwendigen Fähigkeiten verfügen, um mit den neuen Technologien umzugehen. Zudem stellt sich die Frage, wie Unternehmen mit dem **Fehlen spezialisierter Fachkräfte** umgehen, insbesondere in Bereichen wie **KI**, **Datenanalyse** und **Cybersecurity**.

4. **Datensicherheit und Datenschutz:** Mit der zunehmenden Nutzung von **Cloud-Diensten** und **big data** wird der Schutz von **Kundendaten** und **Firmeninformationen** immer wichtiger. Unternehmen müssen sicherstellen, dass ihre neuen Systeme und Technologien den geltenden **Datenschutzbestimmungen** entsprechen und dass die Daten ihrer Kunden sicher und vertraulich behandelt werden. **Cyberangriffe** und **Hackerattacken** stellen eine ständige Bedrohung dar, und Unternehmen müssen in robuste **Sicherheitsmaßnahmen** investieren, um ihre digitalen Systeme zu schützen.

Der Wandel der Unternehmenskultur im digitalen Zeitalter:

Die Einführung neuer Technologien erfordert nicht nur technische Anpassungen, sondern auch einen **kul-**

turellen Wandel innerhalb des Unternehmens. In vielen Organisationen wird der **digitale Wandel** als Bedrohung empfunden, da er mit Unsicherheit und der Notwendigkeit zur Anpassung verbunden ist. Eine der größten Herausforderungen für Führungskräfte besteht darin, eine Unternehmenskultur zu schaffen, die offen für **Innovation** und **technologische Veränderungen** ist.

Ein entscheidender Aspekt dieses kulturellen Wandels ist die Förderung einer **agilen Denkweise**. In einer digitalen Welt, die sich schnell verändert, müssen Unternehmen flexibel und anpassungsfähig sein. Dies bedeutet, dass Führungskräfte ihren Mitarbeitern die Freiheit geben müssen, **Fehler zu machen** und aus diesen zu lernen, ohne dass negative Konsequenzen drohen. Ein innovatives Unternehmen muss ein Umfeld schaffen, in dem Mitarbeiter die **Zukunft gestalten** können, ohne durch bürokratische Hürden oder ständige Kontrolle eingeschränkt zu werden.

Die Bedeutung von Führung im Innovationsprozess:

Führungskräfte spielen eine entscheidende Rolle im Innovationsprozess eines Unternehmens. Sie sind nicht nur dafür verantwortlich, den technologischen Wandel zu fördern, sondern auch, ihre Mitarbeiter zu

inspirieren, die Vision des Unternehmens zu **teilen** und aktiv zur **Veränderung beizutragen**. Erfolgreiche Führungskräfte im digitalen Zeitalter müssen die Fähigkeit besitzen, **Innovation zu fördern**, die richtigen Technologien auszuwählen und ihre Teams zu ermutigen, neue Ideen zu entwickeln und umzusetzen.

Fazit zu Kapitel 4:

Innovation und technologische Veränderungen bieten Unternehmen enorme Chancen, ihre Effizienz zu steigern, Kosten zu senken und die Kundenerfahrung zu verbessern. Doch der Weg zur Implementierung neuer Technologien ist mit Herausforderungen verbunden, die von der Überwindung des Widerstands gegen Veränderungen bis hin zur Integration neuer Systeme reichen. Um erfolgreich zu sein, müssen Unternehmen ihre Unternehmenskultur verändern, um eine **agile Denkweise** und eine **offene Haltung gegenüber Technologie** zu fördern. Führungskräfte spielen dabei eine zentrale Rolle, indem sie nicht nur den technologischen Wandel vorantreiben, sondern auch eine Umgebung schaffen, in der Innovation gedeihen kann.

Die Rolle von Führung und Unternehmenskultur im digitalen Zeitalter

5.

Im digitalen Zeitalter ist die Rolle von **Führung** und **Unternehmenskultur** von entscheidender Bedeutung für den Erfolg und das Überleben von Unternehmen. Die Implementierung neuer Technologien und der kontinuierliche Wandel erfordern nicht nur technologische Anpassungen, sondern auch einen grundlegenden kulturellen Wandel. Führungskräfte müssen in der Lage sein, ihre Teams durch diesen Wandel zu führen und eine Unternehmenskultur zu schaffen, die sowohl **innovationsoffen** als auch **agil** ist. In diesem Kapitel wird untersucht, wie Führung und Unternehmenskultur die digitale Transformation beeinflussen und wie Unternehmen durch gezielte Führungskompetenzen und eine passende Kultur langfristig erfolgreich bleiben können.

Die Rolle der Führung im digitalen Wandel:

Führung ist einer der zentralen Erfolgsfaktoren für die Umsetzung digitaler Transformationen. Führungskräfte sind nicht nur Entscheidungsträger, sondern auch **Mentoren**, **Berater** und **Motivatoren**, die den Veränderungsprozess vorantreiben. Die **Vision** einer digitalen Transformation muss von oben kommen, aber sie muss so gestaltet werden, dass sie von allen Ebenen des Unternehmens getragen wird. Eine erfolgreiche digitale Transformation erfordert eine Führung, die in der Lage ist, **Innovation zu fördern**, den Wandel zu gestalten und gleichzeitig die **Mitarbeiter zu motivieren** und zu **unterstützen**.

1. **Vision und Strategie:** Erfolgreiche Führungskräfte müssen eine klare Vision für den digitalen Wandel entwickeln und diese Vision in eine umsetzbare Strategie übersetzen. Es reicht nicht aus, lediglich neue Technologien zu implementieren – Führungskräfte müssen sicherstellen, dass diese Technologien im Einklang mit den langfristigen **Unternehmenszielen** stehen. Die Vision muss die **Zukunft** des Unternehmens klar widerspiegeln und den Mitarbeitern helfen, sich mit den Zielen des Wandels zu identifizieren.

2. **Entscheidungsfindung und Risikomanagement:** Im digitalen Zeitalter müssen Führungskräfte in der Lage sein, schnelle Entscheidungen zu treffen, die oft mit erheblichem Risiko verbunden sind. Die Entscheidung, in neue Technologien zu investieren

oder Prozesse zu ändern, kann das Unternehmen maßgeblich beeinflussen. Erfolgreiche Führung im digitalen Zeitalter bedeutet, die **richtigen Risiken** einzugehen und auf Veränderungen schnell zu reagieren, ohne jedoch unüberlegte Entscheidungen zu treffen. **Datenbasierte Entscheidungen** und **agiles Management** sind hier unerlässlich, um nicht nur reaktionsschnell, sondern auch **proaktiv** zu sein.

3. **Mitarbeiterführung und Motivation:** Führungskräfte müssen in der Lage sein, ihre Mitarbeiter durch den digitalen Wandel zu führen. Dies erfordert nicht nur technisches Wissen, sondern auch **Empathie** und **Verständnis** für die Bedenken und Ängste der Mitarbeiter. Der Widerstand gegen Veränderungen ist eine der größten Herausforderungen in der digitalen Transformation, und Führungskräfte müssen in der Lage sein, diesen Widerstand zu überwinden, indem sie **Offenheit** für Feedback schaffen, **Ziele klar kommunizieren** und den Mitarbeitern das Gefühl geben, dass sie einen wichtigen Beitrag zum Wandel leisten.

Die Bedeutung der Unternehmenskultur:

Die **Unternehmenskultur** ist der "unsichtbare Motor", der den Erfolg einer digitalen Transformation antreibt. Sie bestimmt, wie Mitarbeiter miteinander umgehen, wie Entscheidungen getroffen werden und wie das Unternehmen nach außen wahrgenommen wird. In einer zunehmend digitalisierten Welt, in der technologische Innovationen ständig neue Herausforderungen und Möglichkeiten bieten, müssen Unternehmen eine Kultur pflegen, die **Innovation**, **Flexibilität** und **Zusammenarbeit** fördert.

1. **Kultur der Innovation:** Eine Unternehmenskultur, die Innovation fördert, ist eine der wichtigsten Voraussetzungen für den Erfolg im digitalen Zeitalter. Dies bedeutet, dass Unternehmen **Fehler als Teil des Lernprozesses** akzeptieren und eine Kultur des offenen Austauschs von Ideen schaffen müssen. Führungskräfte sollten **Innovation belohnen** und **Risikobereitschaft** fördern. Die Schaffung von **interdisziplinären Teams**, die kreativ zusammenarbeiten, ist ein weiterer wichtiger Schritt, um eine innovative Kultur zu etablieren. Hierbei spielt die **Offenheit für neue Ideen** und die Fähigkeit zur **kritischen Reflexion bestehender Prozesse** eine zentrale Rolle.

2. **Agilität und Flexibilität:** Agilität ist ein Schlüsselbegriff im digitalen Wandel. Unternehmen müssen in der Lage sein, sich schnell an Veränderungen anzupassen, um wettbewerbsfähig zu bleiben. Eine agile Unternehmenskultur fördert die Fähigkeit, **schnell auf Marktveränderungen zu reagieren** und gleichzeitig **effizient und kostengünstig** zu arbeiten. Führungskräfte müssen sicherstellen, dass die Unternehmenskultur so ausgerichtet ist, dass Veränderungen nicht nur akzeptiert, sondern aktiv gestaltet werden. **Schnelle Iterationen**, **Prototyping** und **Testen von Ideen** sind Teil einer agilen Arbeitsweise, die es Unternehmen ermöglicht, in einer schnelllebigen, digitalen Welt erfolgreich zu bleiben.

3. **Zusammenarbeit und Vernetzung:** Im digitalen Zeitalter ist **Zusammenarbeit** nicht mehr optional, sondern eine Notwendigkeit. Unternehmen müssen in der Lage sein, **Teams über Abteilungsgrenzen hinweg** zusammenarbeiten zu lassen, um die besten Ideen und Lösungen zu entwickeln. Eine Kultur, die Zusammenarbeit und **Vernetzung** fördert, hilft nicht nur bei der Entwicklung von innovativen Produkten und Dienst-

leistungen, sondern auch bei der **Beseitigung von Silos** und der Förderung eines **ganzheitlichen Denkens**. Digitale Tools und Plattformen ermöglichen es, diese Zusammenarbeit auf globaler Ebene zu gestalten und den **Wissensaustausch** zu erleichtern.

Die Rolle der Führungskräfte in der digitalen Transformation:

Führungskräfte müssen in der digitalen Transformation mehr als nur **Management** betreiben – sie müssen **Visionäre**, **Kommunikatoren** und **Coaches** sein. Erfolgreiche Führungskräfte müssen verstehen, dass die Digitalisierung nicht nur die Implementierung neuer Technologien bedeutet, sondern auch eine tiefgreifende Veränderung in der **Art und Weise, wie das Unternehmen arbeitet und denkt**. Sie müssen sicherstellen, dass ihre Mitarbeiter die notwendigen Fähigkeiten besitzen, um in einer digitalen Welt erfolgreich zu sein, und sie müssen ein Umfeld schaffen, das **Innovation fördert** und **Veränderungen begrüßt**.

1. **Mentoring und Schulung:** Führungskräfte sollten als **Mentoren** für ihre Mitarbeiter fungieren und sicherstellen, dass diese die richtigen **Fähigkeiten und Kenntnisse** für die digitale Zukunft erwerben. Dies umfasst nicht nur technische Fähigkeiten, sondern

auch die Fähigkeit, mit den kulturellen und organisatorischen Veränderungen umzugehen, die mit der Digitalisierung einhergehen. **Schulungsprogramme**, **Workshops** und **Coaching** können den Mitarbeitern helfen, sich an die neuen Anforderungen anzupassen.

2. **Förderung einer digitalen Denkweise:** Führungskräfte sollten eine **digitale Denkweise** fördern, die es den Mitarbeitern ermöglicht, Chancen in der Digitalisierung zu erkennen und diese zu nutzen. Dies bedeutet, dass die Führungsebene nicht nur die technischen Aspekte der digitalen Transformation berücksichtigen sollte, sondern auch die **mentalen Barrieren**, die Mitarbeiter haben könnten, wenn es darum geht, neue Technologien zu akzeptieren.

3. **Konsistenz und Authentizität:** In Zeiten des Wandels müssen Führungskräfte **konsistent** und **authentisch** in ihrer Kommunikation sein. Wenn Führungskräfte die digitale Transformation vorantreiben wollen, müssen sie dies auf eine Weise tun, die glaubwürdig und nachvollziehbar ist. Authentische Führung fördert das Vertrauen der Mitarbeiter

und hilft, den Widerstand gegen Veränderungen zu überwinden.

Fazit zu Kapitel 5:

Die Führung und Unternehmenskultur spielen eine zentrale Rolle bei der erfolgreichen Umsetzung der digitalen Transformation. Führungskräfte müssen nicht nur technologische Veränderungen vorantreiben, sondern auch eine **Innovation offene**, **agile** und **kooperative Unternehmenskultur** schaffen. Indem sie eine klare Vision entwickeln, die richtigen Fähigkeiten fördern und ihre Mitarbeiter durch den Wandel begleiten, können sie sicherstellen, dass ihr Unternehmen den digitalen Wandel erfolgreich meistert und langfristig wettbewerbsfähig bleibt.

Technologie als Treiber der digitalen Transformation

6.

Die **Technologie** ist der zentrale Treiber der digitalen Transformation. Sie verändert nicht nur, wie Unternehmen arbeiten, sondern auch, wie sie mit ihren Kunden und Partnern interagieren. Digitale Technologien wie **Künstliche Intelligenz (KI)**, **Big Data**, **Cloud Computing** und **Blockchain** bieten Unternehmen neue Chancen, ihre Prozesse zu optimieren, neue Geschäftsmodelle zu entwickeln und ihren Kunden besseren Service zu bieten. In diesem Kapitel wird untersucht, welche Technologien die digitale Transformation vorantreiben, wie sie implementiert werden können und welche Herausforderungen dabei auftreten.

1. Künstliche Intelligenz und Automatisierung:

Künstliche Intelligenz (KI) ist eine der transformativsten Technologien des digitalen Zeitalters. KI ermöglicht es Unternehmen, komplexe Aufgaben zu automatisieren, die früher menschliches Eingreifen erforderten, und Prozesse auf eine Weise zu optimieren, die vorher undenkbar war.

1. **Automatisierung von Geschäftsprozessen:** KI und maschinelles Lernen ermöglichen es Unternehmen, Routineaufgaben zu automatisieren und so die **Effizienz** zu steigern und **Kosten** zu senken. Vom Kundenservice bis zur Buchhaltung können viele Prozesse durch KI-basierte Systeme automatisiert werden. So können Unternehmen schneller und effizienter auf Anforderungen reagieren, und Mitarbeiter können sich auf wertschöpfende Aufgaben konzentrieren.

2. **Personalisierung und Kundenservice:** KI ermöglicht eine **Personalisierung** von Produkten und Dienstleistungen, indem sie Kundenverhalten analysiert und darauf basierend Empfehlungen gibt. Unternehmen können **Chatbots** und **virtuelle Assistenten** einsetzen, um ihre Kunden rund um die Uhr zu betreuen und gleichzeitig die **Kundenzufriedenheit** zu steigern. Die Fähigkeit, **Daten in Echtzeit zu analysieren**, ermöglicht es Unternehmen, personalisierte Erlebnisse anzubieten und so die **Kundenbindung** zu erhöhen.

3. **Entscheidungsfindung und Vorhersagen:** Künstliche Intelligenz kann auch bei der **Datenanalyse** eine zentrale Rolle spielen. Mithilfe von **Algorithmen** können Unternehmen große Mengen an Daten analysieren und **Vorhersagen** treffen. Das erleichtert nicht nur die Entscheidungsfindung, sondern hilft auch, zukünftige Trends und **Marktentwicklungen** vorherzusehen. KI-basierte Vorhersagemodelle können in Bereichen wie **Finanzen**, **Personalmanagement** und **Produktentwicklung** von großem Nutzen sein.

2. Big Data und Datenanalyse:

Im digitalen Zeitalter werden **Daten** zunehmend als eines der wertvollsten **Unternehmensgüter** angesehen. Unternehmen, die in der Lage sind, große Mengen an **Daten** zu sammeln und zu analysieren, können daraus wertvolle **Einblicke** gewinnen und ihre **Strategien** entsprechend anpassen.

1. **Daten als Wettbewerbsvorteil:** Unternehmen, die in der Lage sind, **Big Data** effektiv zu nutzen, können **Marktchancen** schneller erkennen und ihre Produkte oder Dienstleistungen an die Bedürfnisse ihrer Kunden anpassen. Die Fähigkeit, **Verbrauchertrends**

zu erkennen und **Daten** in umsetzbare Erkenntnisse umzuwandeln, verschafft Unternehmen einen klaren Wettbewerbsvorteil.

2. **Verhaltensanalyse und personalisierte Angebote:** Die Analyse von **Kundendaten** ermöglicht es Unternehmen, das **Kaufverhalten** und die **Präferenzen** ihrer Kunden zu verstehen und ihnen personalisierte Angebote zu machen. So können Unternehmen ihre **Marketingstrategien** optimieren und die **Kundenbindung** verbessern. Auch die **Preisgestaltung** und **Produktentwicklung** lassen sich durch Big Data steuern.

3. **Datenintegration und -sicherheit:** Ein großer Vorteil von Big Data ist die Möglichkeit, **Daten aus verschiedenen Quellen** zu integrieren und so ein vollständiges Bild von Kunden und Geschäftsvorgängen zu erhalten. Doch die **Datensicherheit** und der **Schutz der Privatsphäre** sind dabei von entscheidender Bedeutung. Unternehmen müssen sicherstellen, dass sie die gesetzlichen Vorgaben einhalten und die **Daten ihrer Kunden** sicher aufbewahren. Datenschutzverletzungen oder unsachgemäße Handhabung von Kundendaten können das

Vertrauen in das Unternehmen schwer schädigen.

3. Cloud-Computing und Flexibilität:

Cloud-Computing ist eine der wichtigsten Technologien, die Unternehmen im digitalen Zeitalter dabei unterstützt, flexibler und agiler zu werden. Die Cloud ermöglicht es Unternehmen, ihre IT-Infrastruktur zu modernisieren und gleichzeitig **Kosten** zu senken.

1. **Skalierbarkeit und Kostensenkung:** Mit **Cloud-Diensten** können Unternehmen ihre IT-Ressourcen nach Bedarf skalieren, ohne in teure Hardware investieren zu müssen. Die **Nutzung von Cloud-Services** ermöglicht es Unternehmen, ihre **Infrastruktur zu optimieren**, den **Betriebsaufwand** zu senken und **kapitalintensive Investitionen** zu vermeiden. Die Skalierbarkeit von Cloud-Lösungen bedeutet, dass Unternehmen ihre Kapazitäten an das Wachstum des Unternehmens anpassen können.

2. **Zugriff auf Echtzeitdaten und Zusammenarbeit:** Cloud-Computing ermöglicht es, auf **Daten in Echtzeit zuzugreifen** und **weltweit** zusammenzuarbeiten. Die **Cloudbasierte Zusammenarbeit** hat die Art und Weise verändert, wie Teams arbeiten und

wie Informationen zwischen Abteilungen und geografisch verteilten Standorten ausgetauscht werden. Dies fördert eine **agilere Arbeitsweise** und verbessert die Effizienz und Produktivität des Unternehmens.

3. **Sicherheit und Compliance:** Trotz der Vorteile gibt es auch Bedenken bezüglich der **Sicherheit** von Cloud-Diensten. Unternehmen müssen sicherstellen, dass sie den **Datenschutz** ihrer Kunden gewährleisten und sich an **regulatorische Anforderungen** halten. Ein effektives **Cloud-Sicherheitsmanagement** ist entscheidend, um **Cyberangriffe** zu verhindern und das Vertrauen der Kunden zu erhalten.

4. Blockchain und Transparenz:

Die **Blockchain-Technologie** hat das Potenzial, die Art und Weise zu revolutionieren, wie Unternehmen **Daten speichern** und **Transaktionen durchführen**. Sie bietet eine **sichere**, **dezentralisierte** und **transparente** Möglichkeit, Informationen zu speichern und zu verifizieren, was sie zu einem wichtigen Bestandteil der digitalen Transformation macht.

1. **Dezentrale Datenverwaltung:** Blockchain ermöglicht es Unternehmen, Daten in einer dezentralen Weise zu verwalten, was die

Notwendigkeit für zentrale Datenbanken und die damit verbundenen Risiken reduziert.
Die **Integrität der Daten** wird durch die **Kryptografie** gewährleistet, und Transaktionen können **nachvollzogen** und verifiziert werden, ohne dass eine zentrale Instanz erforderlich ist.

2. **Transparenz und Vertrauen:** Eine der größten Stärken der Blockchain-Technologie ist ihre Fähigkeit, **Transparenz** zu schaffen und das **Vertrauen** in Transaktionen zu erhöhen. Besonders in Bereichen wie **Finanzen**, **Lieferkettenmanagement** und **Gesundheitswesen** wird Blockchain eingesetzt, um **Transaktionen** sicher und transparent zu gestalten.

3. **Smart Contracts und Automatisierung:** Blockchain ermöglicht auch den Einsatz von **Smart Contracts**, die automatisch ausgeführt werden, wenn bestimmte Bedingungen erfüllt sind. Diese Technologie kann Geschäftsprozesse **automatisieren** und **Fehlerquellen** minimieren, indem sie die Notwendigkeit für manuelle Eingriffe reduziert.

5. Die Implementierung neuer Technologien:

Die Einführung neuer Technologien wie **KI**, **Cloud-Computing** und **Blockchain** erfordert eine sorgfältige Planung und **Strategie**. Unternehmen müssen sicherstellen, dass die neuen Technologien mit ihren **Zielen** und **Strategien** übereinstimmen und dass ihre Mitarbeiter die **nötigen Fähigkeiten** besitzen, um diese Technologien effektiv zu nutzen.

1. **Schulung und Weiterbildung:** Die Implementierung neuer Technologien erfordert, dass Unternehmen ihre Mitarbeiter **weiterbilden** und sicherstellen, dass diese die notwendigen **Kenntnisse** haben, um mit den neuen Tools effektiv zu arbeiten. Schulungsprogramme und **Change-Management**-Prozesse sind entscheidend, um sicherzustellen, dass die Mitarbeiter mit den Veränderungen Schritt halten können.

2. **Integration und Anpassung:** Die Integration neuer Technologien in bestehende Systeme erfordert **zeitliche Planung** und **Koordination**. Unternehmen müssen sicherstellen, dass die Implementierung reibungslos verläuft und keine Störungen in den bestehenden Geschäftsprozessen auftreten.

Fazit zu Kapitel 6:

Technologie ist der Kern der digitalen Transformation und bietet Unternehmen zahlreiche Chancen, ihre Prozesse zu verbessern und neue Geschäftsmodelle zu entwickeln. Künstliche Intelligenz, Big Data, Cloud Computing und Blockchain sind nur einige der Technologien, die den Weg für den Wandel ebnen. Unternehmen müssen diese Technologien effektiv implementieren, um wettbewerbsfähig zu bleiben und ihren Erfolg langfristig zu sichern.

Die Rolle der Unternehmenskultur in der digitalen Transformation

7.

Die digitale Transformation ist nicht nur eine technologische Herausforderung, sondern auch eine kulturelle. Unternehmen, die die digitale Transformation erfolgreich meistern wollen, müssen ihre **Unternehmenskultur** verändern und an die neuen Gegebenheiten anpassen. Die digitale Transformation erfordert eine Kultur der **Offenheit**, der **Agilität** und des **Lernens**, in der **Innovation** und **Zusammenarbeit** im Mittelpunkt stehen. In diesem Kapitel werden die wichtigsten kulturellen Elemente betrachtet, die für den Erfolg der digitalen Transformation entscheidend sind, und wie Unternehmen ihre Kultur auf die neuen Anforderungen ausrichten können.

1. Die Bedeutung einer agilen Unternehmenskultur:

Agilität ist einer der zentralen Werte, die in einer erfolgreichen digitalen Transformation gefördert werden müssen. In einer agilen Unternehmenskultur sind

Unternehmen in der Lage, schnell auf Veränderungen zu reagieren und sich kontinuierlich zu verbessern.

1. **Flexibilität und Anpassungsfähigkeit:** Die digitale Welt verändert sich in rasantem Tempo, und Unternehmen müssen in der Lage sein, sich schnell anzupassen. Eine agile Kultur fördert **Flexibilität** und **Anpassungsfähigkeit**, sodass Unternehmen neue Technologien und Arbeitsmethoden ohne große Widerstände übernehmen können. Die Fähigkeit, schnell auf Marktveränderungen zu reagieren, ist ein wichtiger Wettbewerbsvorteil in der digitalen Wirtschaft.

2. **Fehlerkultur und kontinuierliches Lernen:** Eine agile Unternehmenskultur ist auch eine **Fehlerkultur**, in der Fehler nicht bestraft, sondern als **Lernmöglichkeiten** betrachtet werden. Die Förderung einer solchen Kultur ist entscheidend, da der Weg zur digitalen Transformation nicht ohne Rückschläge und Herausforderungen verläuft. Unternehmen, die eine **Fehlerfreundlichkeit** etablieren, ermutigen ihre Mitarbeiter, Risiken einzugehen und Innovationen zu entwickeln.

3. **Iterative Prozesse und schnelle Entscheidungen:** Agilität bedeutet auch, dass Unter-

nehmen **iterative Prozesse** und **schnelle Entscheidungsfindung** fördern müssen. Statt langfristiger, starrer Planungen setzen agile Unternehmen auf **kurzfristige Ziele** und **schnelle Prototypen**, um Produkte und Dienstleistungen kontinuierlich zu verbessern. Durch diese **iterativen Anpassungen** wird die Wahrscheinlichkeit erhöht, dass das Endergebnis den Bedürfnissen der Kunden entspricht.

2. Führung in der digitalen Transformation:

Die Führungskräfte eines Unternehmens spielen eine entscheidende Rolle bei der Gestaltung der Unternehmenskultur während der digitalen Transformation. Sie müssen nicht nur die technologische Veränderung anführen, sondern auch die **mentalen** und **kulturellen** Veränderungen fördern, die erforderlich sind, um die digitale Transformation zu einem Erfolg zu machen.

1. **Vision und Kommunikation:** Eine klare **Vision** für die digitale Transformation ist entscheidend, um alle Mitarbeiter auf das gemeinsame Ziel auszurichten. Führungskräfte müssen in der Lage sein, diese Vision überzeugend zu kommunizieren und die Mitarbeiter zu inspirieren, den Wandel aktiv mitzugestalten. Gute Kommunikation hilft

dabei, **Unsicherheiten** zu beseitigen und Vertrauen zu schaffen, was den Transformationsprozess erheblich erleichtert.

2. **Empowerment der Mitarbeiter:** Führungskräfte müssen den Mitarbeitern **Verantwortung übertragen** und sie ermutigen, **Eigeninitiative** zu zeigen. In einer digitalen Welt, in der die Geschwindigkeit und Flexibilität von entscheidender Bedeutung sind, ist es wichtig, dass Führungskräfte den Mitarbeitern den Raum geben, eigenständig Entscheidungen zu treffen und zu handeln. Empowerment fördert **Innovationsgeist** und trägt dazu bei, dass die Mitarbeiter die Veränderungen aktiv unterstützen.

3. **Vorbildfunktion und Veränderungsbereitschaft:** Führungskräfte müssen als **Vorbild** für den Wandel fungieren. Sie sollten bereit sein, selbst zu lernen und sich an neue Technologien und Arbeitsweisen anzupassen. Nur wenn Führungskräfte den Wandel aktiv vorleben, können sie die Mitarbeiter überzeugen, dass die Veränderungen notwendig und vorteilhaft sind. Eine **offene Haltung** gegenüber Veränderung und **Neugierde** für neue Technologien sind zentrale Eigenschaften

einer erfolgreichen Führungspersönlichkeit in der digitalen Transformation.

3. Förderung von Innovation und Kreativität:

Innovation ist der Schlüssel zur digitalen Transformation. Unternehmen müssen eine Kultur der **Innovation** fördern, in der **Kreativität** und **Neues Denken** willkommen sind. Dazu gehört nicht nur die Entwicklung neuer Produkte und Dienstleistungen, sondern auch die ständige **Optimierung** bestehender Prozesse.

1. **Ressourcen für Innovation bereitstellen:** Um Innovation zu fördern, müssen Unternehmen ihren Mitarbeitern die **Ressourcen** und **Freiheit** geben, kreative Ideen zu entwickeln. Dazu gehören nicht nur finanzielle Mittel, sondern auch Zeit und Raum für Forschung und Entwicklung. Unternehmen müssen ein Umfeld schaffen, in dem **Experimentieren** und **Fehler machen** Teil des Prozesses sind.

2. **Cross-funktionale Zusammenarbeit:** Innovation entsteht oft an den Schnittstellen von **verschiedenen Abteilungen** und **Expertise-Bereichen**. Daher müssen Unternehmen die **Zusammenarbeit** zwischen verschiedenen Teams fördern. Eine **offene Kommunikation** und ein **interdisziplinärer Austausch**

sind entscheidend, um neue Ideen zu entwickeln und innovative Lösungen zu schaffen. Diese Zusammenarbeit kann durch die Einführung von **agilen Arbeitsmethoden** und **Cross-funktionalen Teams** unterstützt werden.

3. **Belohnung von Innovation:** Eine wichtige Komponente der Innovationsförderung ist das **Belohnen von Kreativität** und **Innovation**. Unternehmen sollten Anreize schaffen, damit Mitarbeiter ihre Ideen einbringen und umsetzen können. Dies kann durch Anerkennung, **Karrierechancen** oder finanzielle Belohnungen geschehen. Es ist wichtig, eine **positive Rückkopplung** für innovative Ideen zu schaffen, um die **Innovationskultur** im Unternehmen zu stärken.

4. Zusammenarbeit und Vernetzung:

In der digitalen Transformation wird die Zusammenarbeit zwischen verschiedenen Abteilungen und externen Partnern immer wichtiger. Die Fähigkeit, Wissen zu teilen und gemeinsam Lösungen zu entwickeln, ist ein entscheidender Erfolgsfaktor.

1. **Interne Zusammenarbeit:** Die digitale Transformation erfordert eine stärkere **internationale Zusammenarbeit** innerhalb des

Unternehmens. Traditionell arbeitete jedes Team oft isoliert und verfolgte seine eigenen Ziele. Im digitalen Zeitalter müssen Teams jedoch enger zusammenarbeiten, um gemeinsam zu innovieren und Probleme zu lösen. Die Förderung von **teamübergreifender Zusammenarbeit** und der Austausch von **Best Practices** ist essenziell.

2. **Externe Partnerschaften:** In vielen Fällen ist die digitale Transformation nicht nur eine interne Angelegenheit, sondern erfordert auch die Zusammenarbeit mit **externen Partnern**, wie z.B. Technologieanbietern, Start-ups oder Forschungsinstituten. Durch Partnerschaften können Unternehmen von externem **Know-how** und innovativen Ideen profitieren, die für ihre digitale Strategie von entscheidender Bedeutung sind.

3. **Wissenstransfer und offene Kommunikation:** In einer digitalen Welt, in der Informationen schnell fließen, ist der **Wissenstransfer** von zentraler Bedeutung. Unternehmen müssen eine Kultur der **offenen Kommunikation** und des **Wissensteilens** schaffen, um sicherzustellen, dass wertvolle Erkenntnisse und Ideen innerhalb des Unternehmens und mit externen Partnern geteilt werden. Das

Einführen von **Wissensmanagement-Systemen** und regelmäßigen **Ideen-Austausch-Workshops** kann dazu beitragen.

Fazit zu Kapitel 7:

Die Unternehmenskultur spielt eine entscheidende Rolle in der digitalen Transformation. Eine Kultur der Agilität, Innovation und Zusammenarbeit ist notwendig, um die Veränderungen erfolgreich zu gestalten. Führungskräfte müssen die Transformation vorantreiben und eine offene, kreative Arbeitsumgebung schaffen, die den Mitarbeitern den Raum gibt, sich zu entfalten und Innovationen voranzutreiben. Die richtige Kultur ist der Schlüssel, um die digitalen Chancen zu nutzen und im Wettbewerb erfolgreich zu bleiben.

Der Weg in die Zukunft – Trends und Ausblick der digitalen Transformation

8.

Die digitale Transformation ist ein dynamischer Prozess, der immer neue Dimensionen annimmt und von ständig wechselnden Technologietrends beeinflusst wird. Unternehmen müssen kontinuierlich beobachten, wie sich die **technologischen Landschaften** und **Marktbedingungen** verändern, um langfristig wettbewerbsfähig zu bleiben. In diesem letzten Kapitel werfen wir einen Blick auf die zukünftigen Entwicklungen der digitalen Transformation und die **Trends**, die Unternehmen in den kommenden Jahren prägen werden. Wir werden auch untersuchen, wie Unternehmen sich auf diese Veränderungen vorbereiten können und welche **Chancen** und **Herausforderungen** sich daraus ergeben.

1. Die Rolle von Künstlicher Intelligenz (KI) und Automatisierung:

Künstliche Intelligenz (KI) wird zweifellos einer der dominierenden Trends in der digitalen Transformation sein. Die Nutzung von KI-gestützten **Automatisierungslösungen** und **intelligenten Systemen** eröffnet Unternehmen neue Möglichkeiten in der **Prozessoptimierung**, der **Kundenbetreuung** und der **Produktentwicklung**.

1. **Automatisierung von Geschäftsprozessen:** Viele Unternehmen setzen bereits auf **Robotic Process Automation (RPA)**, um wiederholbare und zeitaufwendige Aufgaben zu automatisieren. In den kommenden Jahren wird die Automatisierung jedoch nicht mehr nur auf einfache Prozesse beschränkt bleiben. **KI-basierte Automatisierung** wird auch **komplexere Aufgaben** übernehmen können, z.B. in den Bereichen **Datenanalyse**, **Entscheidungsfindung** und **Kundensupport**.

2. **Verbesserung der Kundenerlebnisse:** KI wird Unternehmen dabei helfen, personalisierte Erlebnisse für ihre Kunden zu schaffen. **Chatbots**, **virtuelle Assistenten** und **intelligente Empfehlungsalgorithmen** werden in der Lage sein, Kundenbedürfnisse in Echtzeit zu verstehen und proaktiv Lösungen anzubieten. Diese **verbesserten Kundenerfahrungen** werden zu einem wichtigen Differenzierungsmerkmal für Unternehmen.

3. **Kollaboration von Mensch und Maschine:** Trotz der fortschreitenden Automatisierung wird der Mensch auch in der Zukunft eine entscheidende Rolle spielen. KI wird als Werkzeug dienen, um den Menschen bei komplexen Aufgaben zu unterstützen und zu entlasten. **Kollaborative Systeme**, die es dem Menschen ermöglichen, mit Maschinen zusammenzuarbeiten, werden zunehmend verbreitet. Unternehmen müssen daher ihre Mitarbeiter auf die Arbeit mit KI und Automatisierungssystemen vorbereiten.

2. Die Bedeutung von Daten und Big Data:

Im Zeitalter der digitalen Transformation sind Daten zu einem wertvollen Rohstoff geworden. Die Fähigkeit, große Datenmengen zu sammeln, zu analysieren und zu nutzen, wird Unternehmen dabei helfen, fundierte Entscheidungen zu treffen, ihre Strategien zu optimieren und ihre Kunden besser zu verstehen.

1. **Daten als strategisches Kapital:** Unternehmen müssen lernen, ihre Daten als strategisches Kapital zu betrachten. Die richtige **Datenerfassung**, **Datenanalyse** und **Datenvisualisierung** wird Unternehmen ermöglichen, wertvolle Einblicke zu gewinnen und **Wettbewerbsvorteile** zu erzielen. Unter-

nehmen müssen in **Dateninfrastruktur** investieren, um die riesigen Datenmengen effektiv zu speichern und auszuwerten.

2. **Predictive Analytics und Echtzeitanalyse:** **Predictive Analytics** wird Unternehmen helfen, zukünftige Trends vorherzusagen und ihre Geschäftsprozesse entsprechend anzupassen. Durch die **Echtzeitanalyse** von Daten können Unternehmen sofort auf Veränderungen im Markt reagieren und ihre Strategien in Echtzeit anpassen. Dies wird den Unternehmen einen klaren **Wettbewerbsvorteil** verschaffen.

3. **Datensicherheit und Datenschutz:** Die Menge an Daten, die Unternehmen sammeln und speichern, wird weiter wachsen. Gleichzeitig wird auch der **Schutz** dieser Daten zu einer immer wichtigeren Herausforderung. Unternehmen müssen sicherstellen, dass sie die **Datenschutzvorgaben** einhalten und ihre Daten **sicher** verwalten, um das Vertrauen der Kunden zu bewahren und rechtlichen Problemen vorzubeugen.

3. Das Internet der Dinge (IoT) und vernetzte Geräte:

Das **Internet der Dinge (IoT)** wird weiterhin eine wichtige Rolle in der digitalen Transformation spielen. Die zunehmende Vernetzung von **Geräten** und **Maschinen** eröffnet neue Möglichkeiten in der **Datenanalyse**, der **Effizienzsteigerung** und der **Produktentwicklung**.

1. **Intelligente Geräte und Automatisierung zu Hause und am Arbeitsplatz:** IoT wird den Weg für **intelligente Geräte** ebnen, die sowohl im privaten als auch im beruflichen Umfeld immer mehr Aufgaben übernehmen. **Smarthomes** und **Smart Offices** bieten den Nutzern die Möglichkeit, ihren Alltag effizienter zu gestalten. Vernetzte Geräte, die miteinander kommunizieren, werden sowohl den Komfort als auch die Produktivität steigern.

2. **Industrie 4.0 und vernetzte Produktionsprozesse:** Im Bereich der **Industrie 4.0** wird IoT eine entscheidende Rolle bei der **Automatisierung** und **Optimierung** von Produktionsprozessen spielen. Maschinen werden in der Lage sein, Daten zu sammeln, zu analysieren und Entscheidungen in Echtzeit zu treffen, was zu einer höheren **Produktivität** und **Flexibilität** in der Fertigung führt.

3. **IoT in der Logistik und Lieferkette:** IoT wird auch in der **Logistik** und der **Lieferkette** zunehmend verwendet, um Prozesse zu optimieren. Durch die Vernetzung von **Fahrzeugen**, **Lagerhäusern** und **Fracht** können Unternehmen ihre Lieferketten in Echtzeit überwachen und auf unvorhergesehene Probleme schnell reagieren.

4. Blockchain-Technologie:

Blockchain ist eine **dezentrale** und **sichere Technologie**, die in den letzten Jahren immer mehr Aufmerksamkeit erhalten hat. Sie hat das Potenzial, viele Geschäftsprozesse zu revolutionieren, insbesondere in den Bereichen **Sicherheit**, **Transparenz** und **Vertrauensbildung**.

1. **Vertrauenswürdige Transaktionen und digitale Währungen:** Die Blockchain-Technologie wird für **sichere** und **vertrauenswürdige Transaktionen** genutzt, ohne dass ein zentraler Vermittler erforderlich ist. Dies hat nicht nur Auswirkungen auf die Finanzwelt, sondern auch auf andere Sektoren wie **Lieferketten** und **Smart Contracts**. Unternehmen, die auf Blockchain setzen, können ihre Prozesse effizienter und transparenter gestalten.

2. **Blockchain in der Lieferkette:** In der **Lieferkette** kann Blockchain für die **Rückverfolgbarkeit** von Produkten und Materialien verwendet werden. Jeder Schritt in der Produktion und Lieferung kann in der Blockchain dokumentiert werden, was für Unternehmen und Kunden mehr **Transparenz** und **Vertrauen** schafft.

3. **Dezentrale Identitätsverwaltung:** Blockchain wird auch in der **Identitätsverwaltung** eingesetzt, um **digitale Identitäten** sicher und dezentral zu verwalten. Dies könnte zu einer Revolution in der Art und Weise führen, wie Unternehmen und Verbraucher ihre persönlichen Daten speichern und teilen.

5. Die Transformation des Arbeitsplatzes:

Die Art und Weise, wie wir arbeiten, wird sich in den kommenden Jahren weiter verändern. Remote-Arbeit, hybride Arbeitsmodelle und der Einsatz von **digitalen Tools** werden die Arbeitswelt prägen.

1. **Hybrides Arbeiten und digitale Zusammenarbeit:** Die Pandemie hat den Trend zu **remote work** beschleunigt. Unternehmen werden zunehmend auf hybride Arbeitsmodelle setzen, bei denen Mitarbeiter sowohl im Büro als auch von zu Hause aus arbeiten

können. Digitale **Zusammenarbeitstools** wie **Videokonferenzen, Cloud-Dienste** und **Projektmanagement-Software** werden eine noch zentralere Rolle spielen.

2. **Mitarbeiterwohlfahrt und Work-Life-Balance:** Die **digitale Transformation** wird auch das **Wohlbefinden** der Mitarbeiter beeinflussen. Unternehmen werden verstärkt **Gesundheitsinitiativen, flexible Arbeitszeiten** und **mentale Gesundheitsprogramme** anbieten, um ihre Mitarbeiter zu unterstützen und die **Work-Life-Balance** zu fördern.

3. **Schulung und Weiterbildung:** In der digitalen Zukunft wird kontinuierliche **Schulung** und **Weiterbildung** für alle Mitarbeiter notwendig sein, um mit den sich schnell verändernden Technologien Schritt zu halten. Unternehmen müssen in **Lernplattformen, Online-Kurse** und **Mentoring-Programme** investieren, um sicherzustellen, dass ihre Mitarbeiter immer auf dem neuesten Stand sind.

Fazit zu Kapitel 8:

Die digitale Transformation wird auch in Zukunft eine treibende Kraft für Innovation und Veränderung sein. Unternehmen müssen sich auf die kommenden

technologischen Entwicklungen vorbereiten, insbesondere in den Bereichen **KI**, **Big Data**, **IoT** und **Blockchain**. Der kontinuierliche Wandel wird neue **Chancen** und **Herausforderungen** mit sich bringen, und Unternehmen müssen flexibel und anpassungsfähig bleiben, um erfolgreich zu sein. Wer die digitalen Technologien von morgen frühzeitig einsetzt und seine Unternehmenskultur anpasst, wird auch in Zukunft wettbewerbsfähig bleiben.

Nachwort

Nachwort – Die Zukunft beginnt jetzt

Die Arbeitswelt steht an einem Wendepunkt. Nie zuvor haben technologische Entwicklungen, gesellschaftlicher Wandel und neue Arbeitsmodelle so tiefgreifende Veränderungen mit sich gebracht. **Workflow 2.0** ist kein Trend, sondern eine notwendige Anpassung an diese neue Realität – eine Chance, produktiver, flexibler und zufriedener zu arbeiten.

Während du dieses Buch gelesen hast, hast du zahlreiche Strategien, Methoden und Denkweisen kennengelernt, um dich auf die Zukunft der Arbeit vorzubereiten. Doch Wissen allein reicht nicht aus – **der Schlüssel liegt in der Umsetzung**.

➞ **Nutze die Möglichkeiten neuer Technologien** und lass sie für dich arbeiten, anstatt dich von ihnen überfordern zu lassen.

➞ **Sei flexibel und offen für Veränderungen**, denn nur wer sich kontinuierlich weiterentwickelt, bleibt langfristig erfolgreich.

➞ **Achte auf deine mentale und körperliche Gesundheit**, denn nachhaltiger Erfolg basiert auf einem ausgewogenen Lebensstil.

Die Zukunft gehört denen, die sie aktiv gestalten. Du hast jetzt das Wissen und die Werkzeuge, um deine eigene Zukunft mit Workflow 2.0 zu formen. Worauf wartest du? **Der beste Moment, um die ersten Schritte zu machen, ist genau jetzt.**

Ich wünsche dir viel Erfolg und Inspiration auf deinem Weg!

Danksagung

*Erstellung und Gestaltung wurden
mithilfe von WriteControl vorgenommen*